Impressum
Verlag: BABADADA GmbH, Nedderfeld 112 , 22529 Hamburg
Geschäftsführer / Verlagsleitung: Harald Hof
Druck: Books on Demand GmbH, In de Tarpen 42, 22848 Norderstedt

Imprint
Publisher: BABADADA GmbH, Nedderfeld 112 , 22529 Hamburg, Germany
Managing Director / Publishing direction: Harald Hof
Print: Books on Demand GmbH, In de Tarpen 42, 22848 Norderstedt

école

isikole

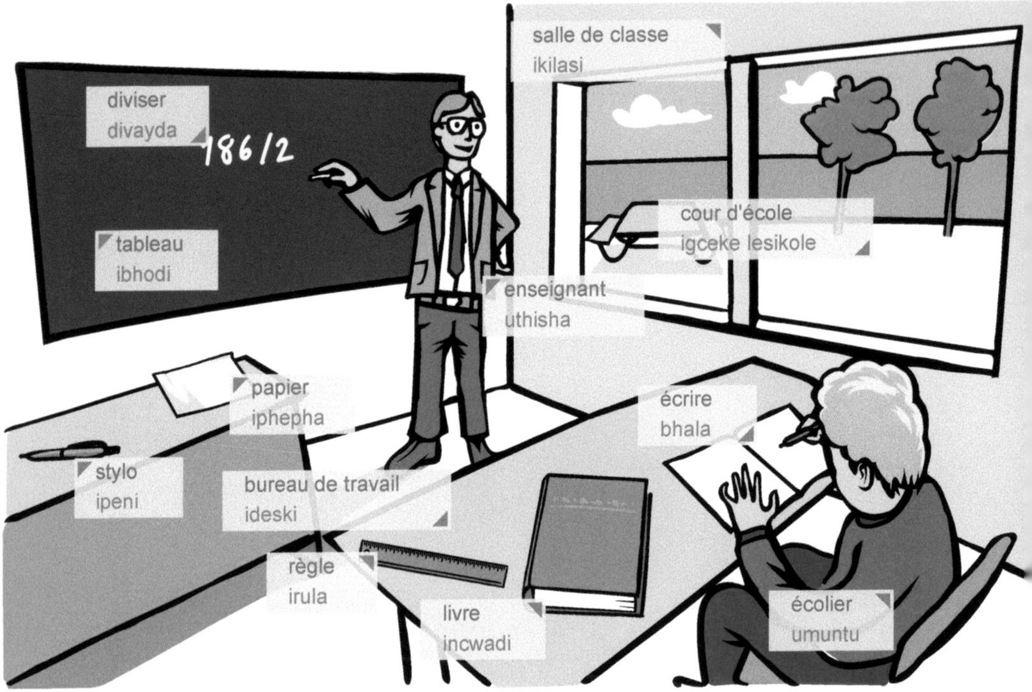

salle de classe
ikilasi
diviser
divayda
186/2
tableau
ibhodi
cour d'école
igceke lesikole
enseignant
uthisha
papier
iphepha
écrire
bhala
stylo
ipeni
bureau de travail
ideski
règle
irula
livre
incwadi
écolier
umuntu

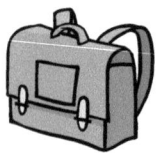

sac d'écolier

isikhwama

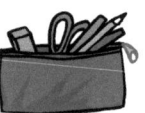

trousse

isikwama sepeni

crayon

ipensela

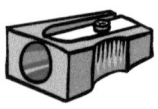

taille-crayon

umshini wokulola

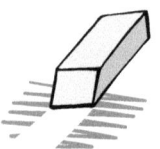

gomme à effacer

irabha

bloc de papier à dessin

indawo yokudweba

dessin

ukudweba

pinceau

ibrashi lokupenda

boîte de peintures

ibhokisi lokupenda

ciseaux

isikelo

colle

inomfi

cahier d'exercices

incwadi yesikole

devoirs

umsebenzi wasekhaya

12

chiffre

inamba

2+2

additionner

hlanganisa

5-2

soustraire

susa

2×2

multiplier

phindaphinda

calculer

bala

A

lettre

incwadi

ABCDEFG
HIJKLMN
OPQRSTU
VWXYZ

alphabet

izinhlamvu zamagama

hello

mot

igama

texte

umbhalo

lire

funda

craie

ushoki

leçon

isifundo

le cahier de notes

bhalisa

examen

isivivinyo

certificat

isitifiketi

uniforme scolaire

iyunifomu yesikole

éducation

imfundo

encyclopédie

i-encyclopedia

université

inyuvesi

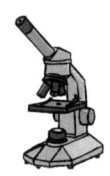

microscope

isibonakhulu

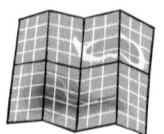

carte

ibalazwe

corbeille à papier

ibhaskidi yokulahla
amaphepha

voyage
ukuhamba

hôtel
ihhotela
Grand
auberge
ihositela
ROOMS
bureau de change
i-bureau de change
CHANGE
valise
i-suitcase
voiture
imoto

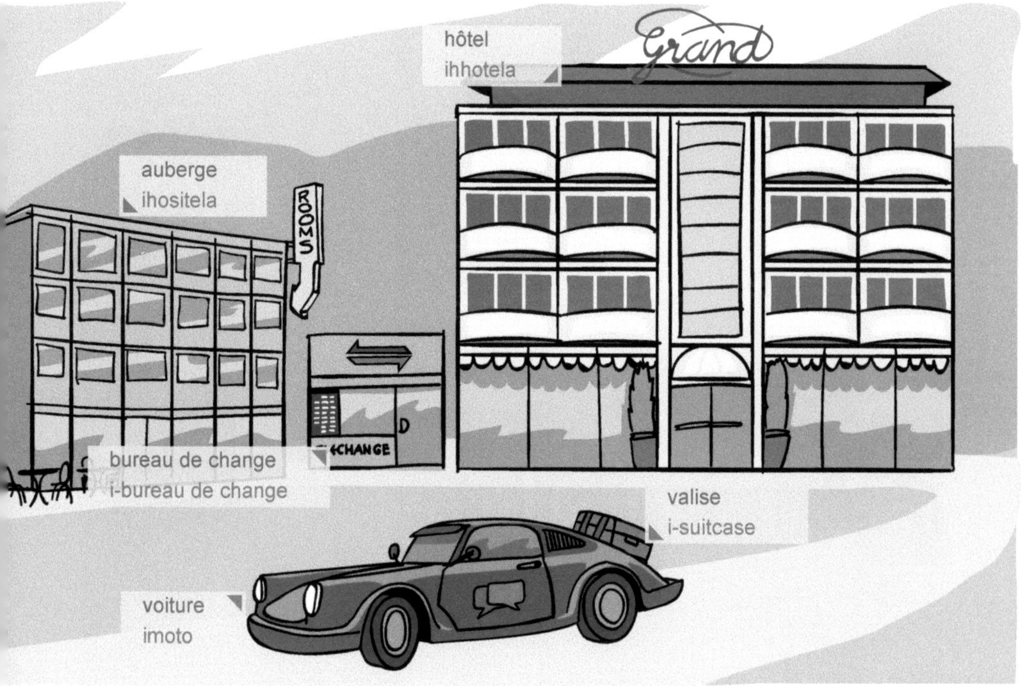

langue
ulimi

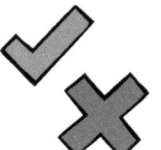

oui / non
yebo / cha

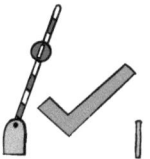

Okay
kulungile

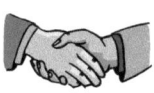

Allo!
sawubona

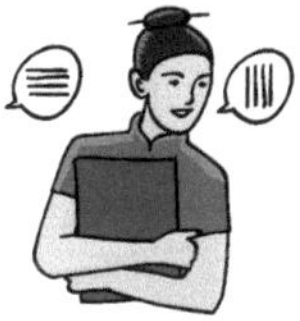

traducteur
umhumushi

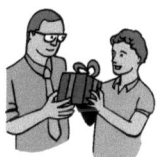

Merci
Ngiyabonga

Combien coûte...?

iyimalini i...?

Je ne comprends pas

angiqondi

problème

inkinga

Bonsoir !

Intambama enhle!

Bonjour !

Sawubona!

Bonne nuit !

Ulale kahle!

bye bye

bye bye

direction

isiqondiso

bagages

izikhwama

sac

isikhwama

sac à dos

ubhakha

invité

isivakashi

pièce

igumbi

sac de couchage

isikhwama sokulala

tente

ithende

bureau d'information
touristique
mininingwane yamathoristi

plage
ulwandle

carte de crédit
ikhadi lesikweletu

déjeuner
ukudla kwasekuseni

dîner
ukudla kwasemini

souper
ukudla kwasebusuku

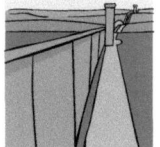

billet
ithikithi

ascenceur
i-lift

timbre
isitembu

frontière
ibhoda

douane
amasiko

ambassade
inxusa

visa
ivisa

passeport
iphasiphothi

transport
izinto zokuhamba

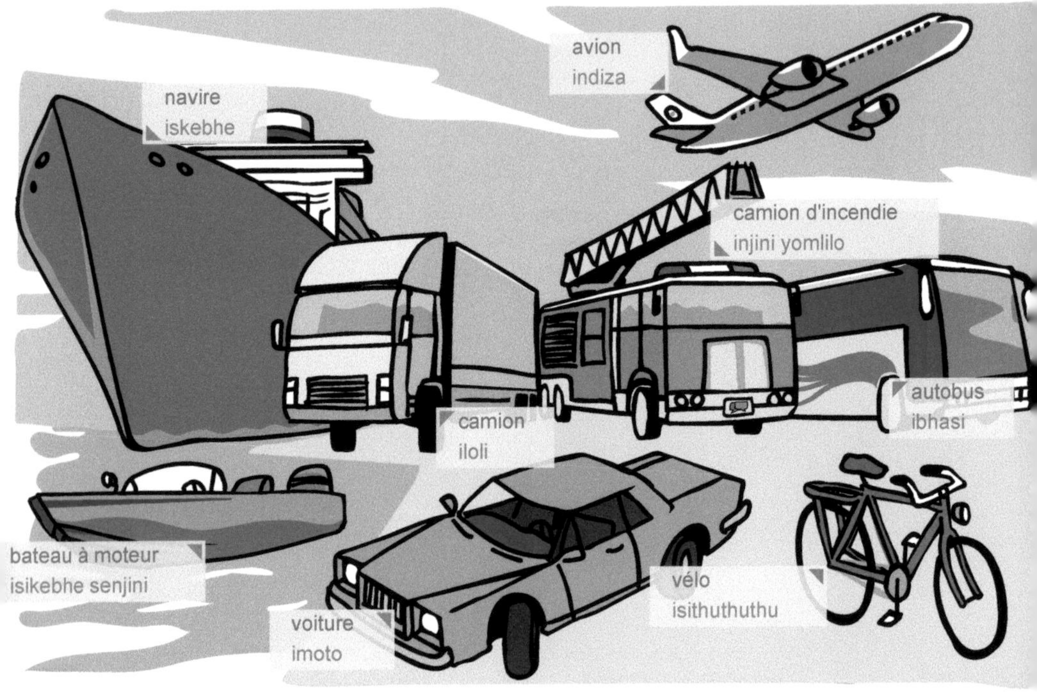

avion
indiza
navire
iskebhe
camion d'incendie
injini yomlilo
autobus
ibhasi
camion
iloli
bateau à moteur
isikebhe senjini
vélo
isithuthuthu
voiture
imoto

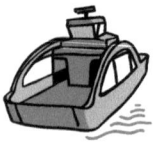

traversier

isikebhe

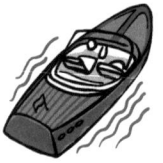

bateau

isikebhe

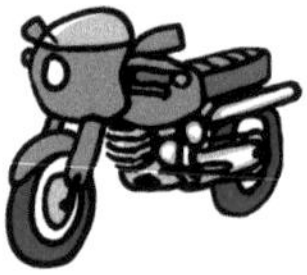

motocyclette

isithuthuthu

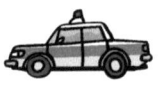

voiture de police

imoto yamaphoyisa

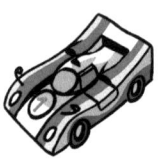

voiture de course

imoto ejahayo

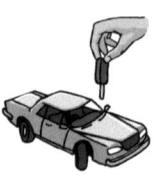

voiture de location

imoto eqashiwe

autopartage

ukurenta imoto

dépanneuse

iloli eliphukile

camion à ordures

ithrakhi

moteur

injini

carburant

amafutha

station-service

indawo yokuthela uphethiloli

panneau de signalisation

uphawu lwethrafikhi

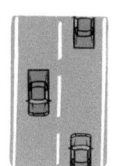

circulation

ithrafikhi

embouteillage

ithrafikhi enkulu

parc de stationnement

ndawo yokupaka izimoto

gare

isitashi sesitimela

voies ferrées

amaloli

train

isitimela

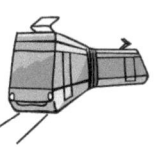

tramway

ithilamu

wagon

inqola

hélicoptère
ihelikhoptha

aéroport
isikhungo sezindiza

tour
umphongolo

passager
iphasenja

conteneur
ikhonteyna

boîte en carton
ikhathoni

chariot
inqola

panier
ubhasikidi

décoller / atterrir
ukusuka / ukwehla

ville

idolobha

village
isigodi

centre-ville
i-city centre

maison
indlu

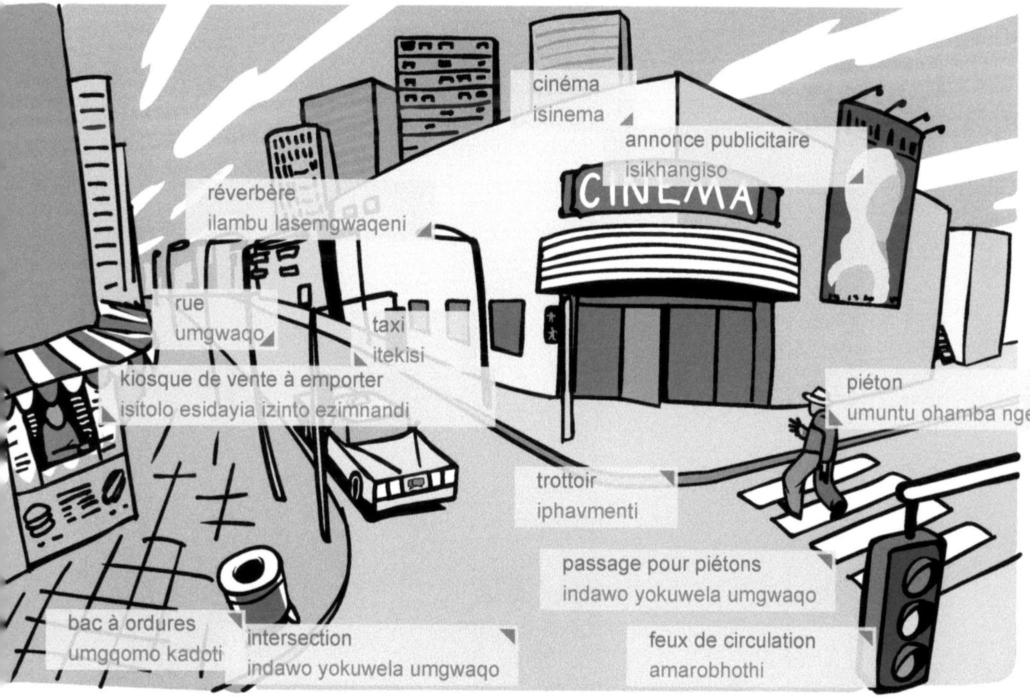
cinéma
isinema
annonce publicitaire
isikhangiso
CINEMA
réverbère
ilambu lasemgwaqeni
rue
umgwaqo
taxi
itekisi
kiosque de vente à emporter
isitolo esidayia izinto ezimnandi
piéton
umuntu ohamba nge
trottoir
iphavmenti
passage pour piétons
indawo yokuwela umgwaqo
bac à ordures
umgqomo kadoti
intersection
indawo yokuwela umgwaqo
feux de circulation
amarobhothi

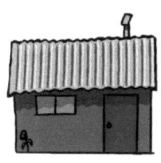

cabane

indlu yodaka

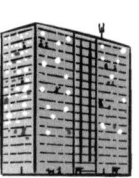

appartement

i-flat

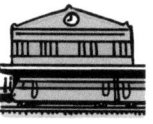

gare

isitashi sesitimela

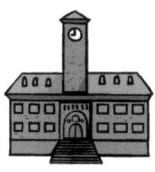

hôtel de ville

i-town hall

MUSEUM

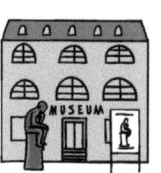

musée

imuzilemu

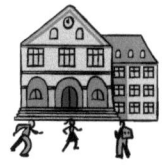

école

isikole

université

inyuvesi

banque

ibhange

hôpital

isibhedlela

hôtel

ihhotela

pharmacie

ikhemisi

bureau

i-ofisi

librairie

isitolo sezincwadi

magasin

esitolo

fleuriste

istolo sezimbali

supermarché

emakethe enkulu

marché

imakethe

grand magasin

isitolo somnyango

poissonnerie

i-fishmonger's

centre commercial

isikhungo sezitolo

port

isikhungo semikhumbi

parc

ipaki

banc

ibhentshi

pont

ibhuloho

escaliers

izitezi

métro

ngaphansi komhlaba

tunnel

umhubhe

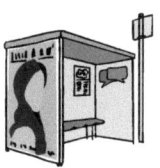

arrêt d'autobus

istobhu sebhasi

bar

i-bar

restaurant

isitolo sokudlela

boîte à lettres

eposini

plaque de rue

uphawu lwasemgwaqeni

parcomètre

umshini wokukhokhela
ukupaka

zoo

esiqiwini

bains publics

indawo yokubhukuda

mosquée

i-mosque

ferme

ifamu

pollution

ukungcola

cimetière

amagcwaba

église

isonto

aire de jeux

igrawundi lokudlala

temple

ithempeli

paysage

ingadi

feuille
icembe

panneau indicateur
mpambano mgwaqo

chemin
indlela

pré
idlelo

pierre
itshe

randonneur
umqwali wezintaba

arbre
isihlahla

rivière
umfula

herbe
utshani

fleur
imbali

vallée

isigodi

colline

intaba

lac

ichibi

forêt

ihlathi

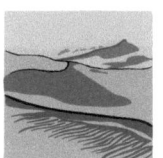

désert

ogwadule

volcan

intaba mlilo

château

isigodlo

arc-en-ciel

uthingo

champignon

ikhowe

palmier

isihlahla sesundu

moustique

umiyane

mouche

ukundiza

fourmi

intuthwane

abeille

inyosi

araignée

isicabucabu

scarabée

ibhungane

grenouille

ixoxo

écureuil

i-squirrel

hérisson

i-hedgehog

lièvre

unogwaja

chouette

isikhova

oiseau

izinyoni

cygne

idada

sanglier

intibane

cerf

inyamazane

orignal

i-moose

barrage

idamu

éolienne

i-wind turbine

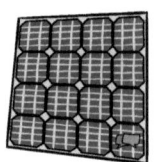

panneau solaire

i-solar panel

climat

isimo sezulu

restaurant
isitolo sokudlela

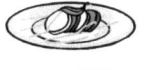

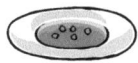

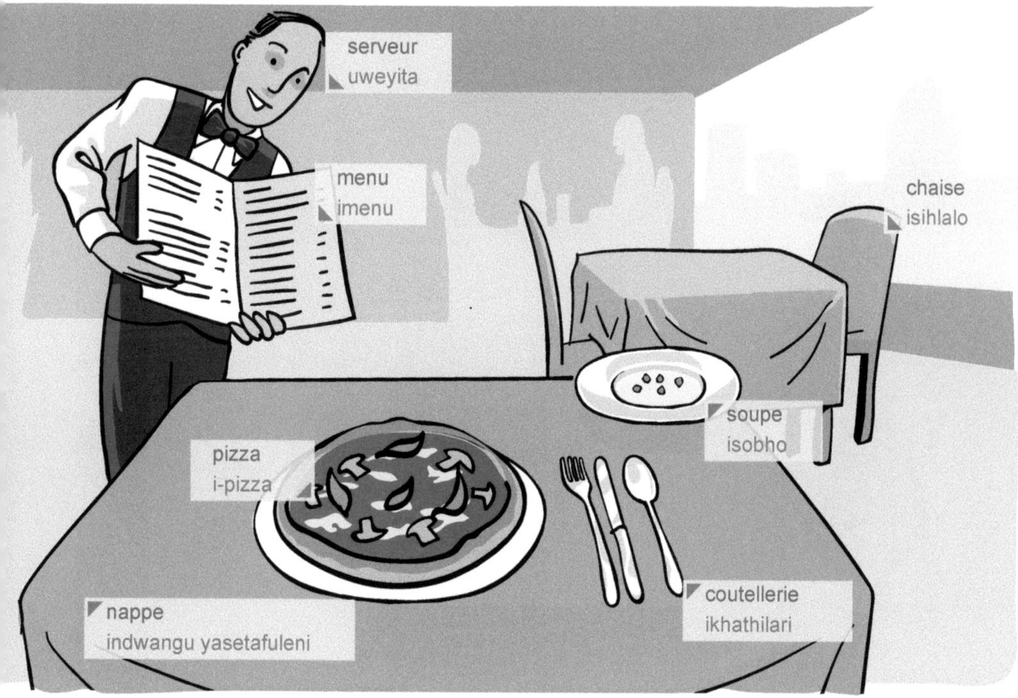
serveur
uweyita
menu
imenu
chaise
isihlalo
soupe
isobho
pizza
i-pizza
nappe
indwangu yasetafuleni
coutellerie
ikhathilari

hors-d'œuvre

ukudla okulula

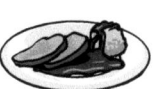

plat principal

isidlo

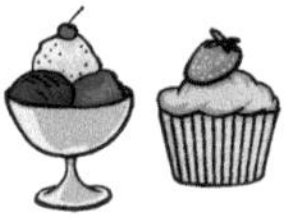

dessert

idizethi

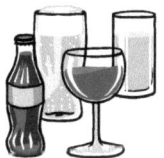

boissons

iziphuzo

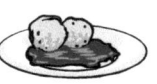

aliments

ukudla

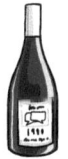

bouteille

ibhodlela

restauration rapide

ukudla okulula

cuisine de rue

ukudla okudayiswa
emgwaqeni

théière

ithiphothi

sucrier

isitsha sikashukela

part

ingxenye

machine à expresso

umshini we-ekspreso

chaise haute d'enfant

isitulo esiphezulu

facture

izindleko

plateau

ithreyi

couteau

ummese

fourchette

imfologo

cuillère

ispuni

cuillère à thé

ithispuni

serviette

indawo yokusula umlomo

verre

igilasi

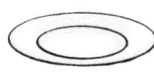

assiette

ipuleti

assiette creuse

ipuleti lesobho

soucoupe

isoso

sauce

isosi

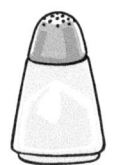

salière

isitsha sasawoti

moulin à poivre

isitsha sephepha

vinaigre

uviniga

huile

amafutha

épices

izinongo

ketchup

isosi yetamatisi

moutarde

isosi yesinaphi

mayonnaise

imayonesi

supermarché
emakethe enkulu

offre spéciale
amanani akhethekile
FOR
client
ikhasimende
produits laitiers
ukudla okwenziwe ngobisi
fruit
isithelo
chariot
ithroli

BUTCHERS

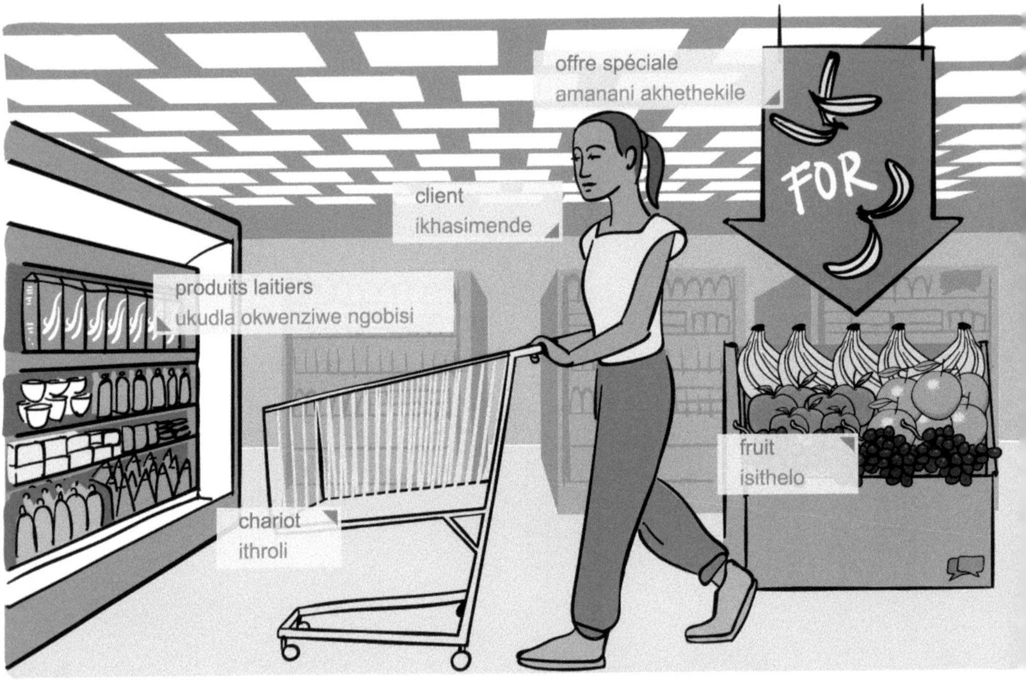

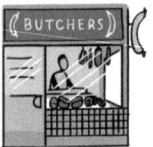

boucherie

ebhusha

BAKERY

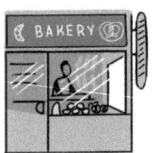

boulangerie

isitolo esidayisa isinkwa

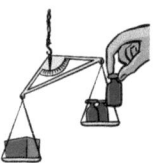

peser

kala

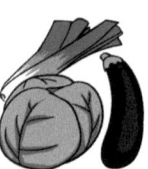

légumes

amaveji

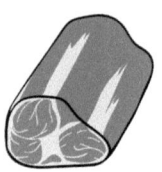

viande

inyama

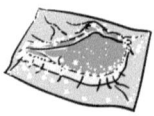

aliments congelés

ukudla okubandayo

viandes froides

inyama ebandayo

conserves

ukudla okusethinini

détergent à lessive en poudre

insipho yokuwasha enguphawuda

sucreries

oswidi

produits d'entretien ménager

izinto zasendlini

produits d'entretien

izinto zokuhlanza

vendeuse

umuntu odayisayo

caisse

ithili

caissier

umbali wemali

liste de provisions

zinto okumelwe zithengwe

heures d'ouverture

amahora okuvula

portefeuille

uwolethi

carte de crédit

ikhadi lesikweletu

sac

isikhwama

sac plastique

isikwama sepulastiki

eau
....
amanzi

jus
....
ijusi

lait
....
ubisi

cola
....
i-coke

vin
....
iwayini

bière
....
ubhiya

alcool
....
utshwala

cacao
....
i-cocoa

thé
....
itiye

café
....
ikhofi

expresso
....
i-ekspreso

cappuccino
....
ikhaphachino

banane

ubhanana

pomme

i-apula

orange

i-olintshi

melon d'eau

ikhabe

citron

ulamula

carotte

ukherothi

ail

ugaligi

bambou

umhlanga

oignon

u-anyanisi

champignon

ikhowe

noix

amakinati

nouilles

ama-noodle

spaghettis

isipagethi

riz

iraysi

salade

isaladi

frites

ama-chips

pommes de terre sautées

amazambane athosiwe

pizza

i-pizza

hamburger

ibhega

sandwich

isendiwichi

escalope

inyama engenathambo

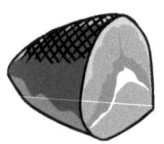

jambon

ham

salami

salami

saucisse

isoseji

poulet

inkukhu

rôti

yosiwe

poisson

inhlanzi

aliments - ukudla

gruau d'avoine

iphalishi le-oats

muesli

i-muesli

flocons de maïs

ama-cornflakes

farine

uflulawa

croissant

i-croissant

petit pain

isinkwa esiyiroli

pain

isinkwa

rôtie

i-toast

biscuits

amabhiskidi

beurre

ibhotela

caillé

i-curd

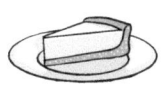

gâteau

ikhekhe

œuf

iqanda

œuf miroir

iqanda elithosiwe

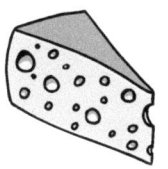

fromage

ushizi

crème glacée

i-ice cream

sucre

ushukela

miel

uju

confiture

ujamu

crème de nougat

ispredi sikashokholedi

cari

isitshulu

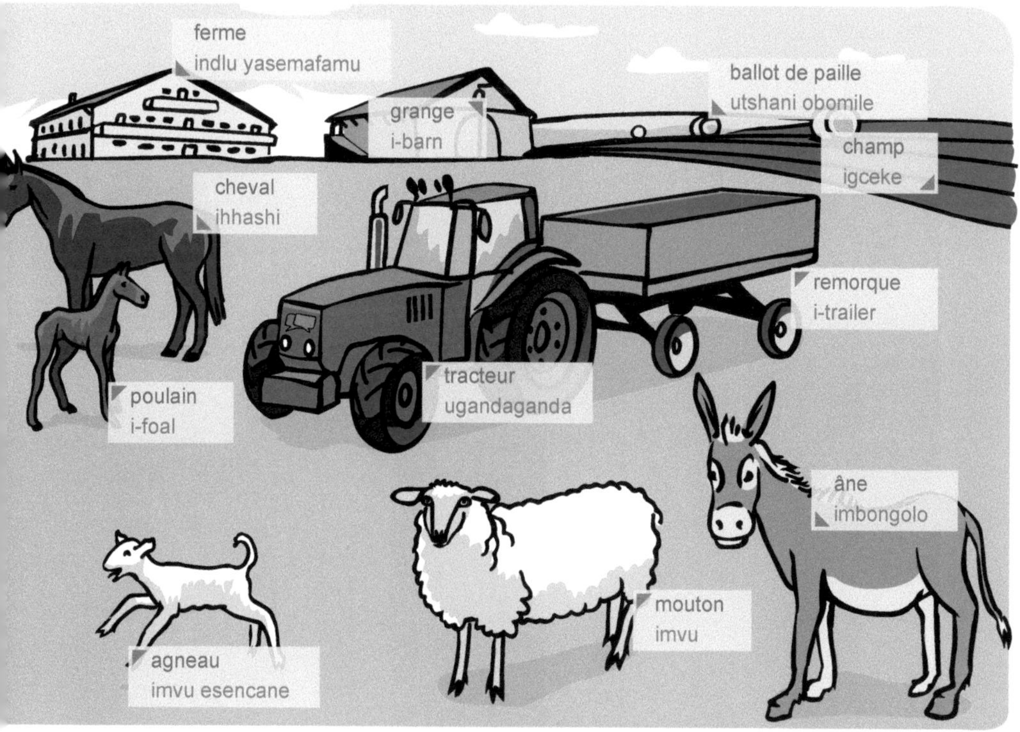

ferme
indlu yasemafamu

ballot de paille
utshani obomile

grange
i-barn

champ
igceke

cheval
ihhashi

remorque
i-trailer

poulain
i-foal

tracteur
ugandaganda

âne
imbongolo

agneau
imvu esencane

mouton
imvu

chèvre

imbuzi

vache

inkomo

veau

ithole

porc

ingulube

porcelet

ingulube esencane

taureau

inkunzi

oie

ihansi

canard

idada

poussin

ichwane

poule

isikhukhukazi

coq

iqhude

rat

igundwane

chat

ikati

souris

igundwane

bœuf

inkabi

chien

inja

niche

indlu yenja

tuyau d'arrosage

ipayipi lokunisela

arrosoir

ikani lokunisela

FALSE

ucelemba

charrue

igeja

faucille
isikela

binette
ukhuba

fourche à foin
imfoloko

hache
imbazo

brouette
ibhala

auge
umkhombe

pot à lait
ubusi olusekanini

grand sac
isaka

clôture
ifensi

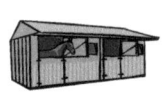

écurie
esitebhilini

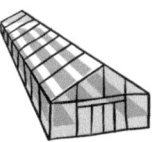

serre
i-greenhouse

sol
inhlabathi

graines
imbewu

engrais
umanyolo

moissonneuse-batteuse
ukuvuna okuhlanganisiwe

récolter

vuna

récolte

isivuno

igname

ama-yam

blé

ukolweni

soja

umbhontshisi

pomme de terre

amazambane

maïs

ummbila

graine de colza

i-rapeseed

arbre fruitier

isihlahla sezithelo

manioc

umdumbula

grains

amasiriyeli

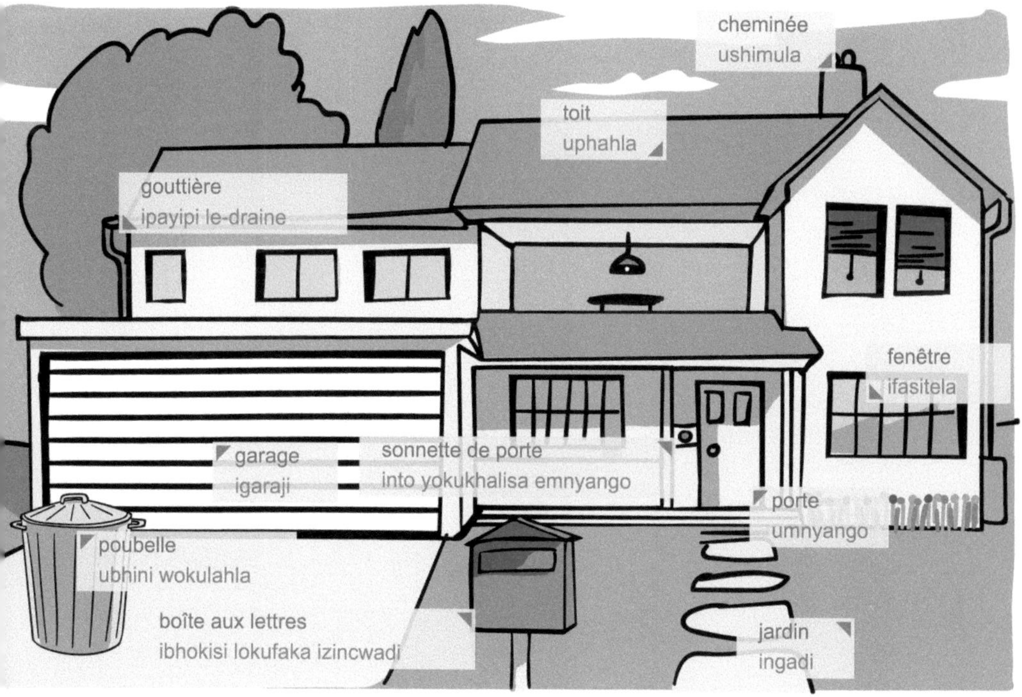

cheminée
ushimula

toit
uphahla

gouttière
ipayipi le-draine

fenêtre
ifasitela

garage
igaraji

sonnette de porte
into yokukhalisa emnyango

porte
umnyango

poubelle
ubhini wokulahla

boîte aux lettres
ibhokisi lokufaka izincwadi

jardin
ingadi

salle de séjour

igumbi lokuhlala

salle de bains

igumbi lokugeza

cuisine

ikhishi

chambre à coucher

igumbi lokulala

chambre d'enfant

igumbi lezingane

salle à manger

igumbi lokudlela

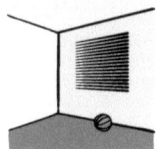

plancher

phansi

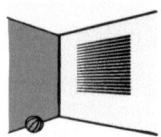

mur

udonga

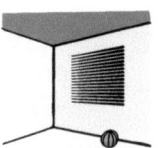

plafond

usilingi

cellier

i-cella

sauna

i-sauna

balcon

ibhalconi

terrasse

i-terrace

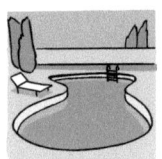

piscine

iphuli

tondeuse à gazon

umshin wokugunda utshani

drap

ishidi

jeté de lit

ingubo yokulala

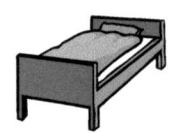

lit

umbhede

balai

umshanelo

seau

ibhakede

interrupteur

i-switch

salle de séjour
igumbi lokuhlala

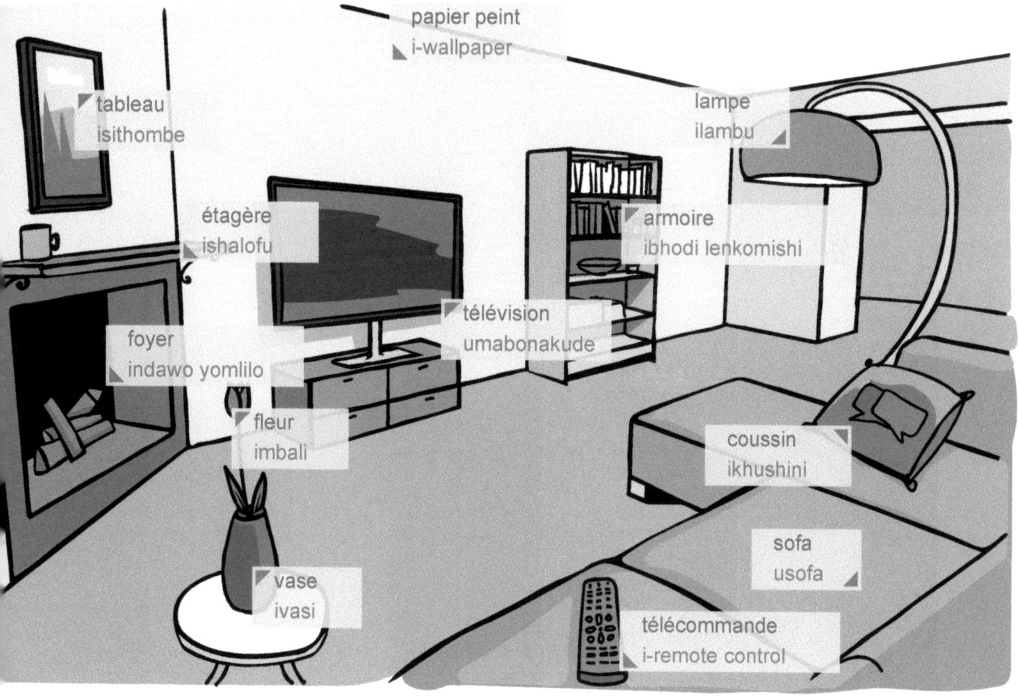
papier peint
i-wallpaper
tableau
isithombe
lampe
ilambu
étagère
ishalofu
armoire
ibhodi lenkomishi
télévision
umabonakude
foyer
indawo yomlilo
fleur
imbali
coussin
ikhushini
sofa
usofa
vase
ivasi
télécommande
i-remote control

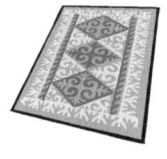

tapis

ukhaphethe

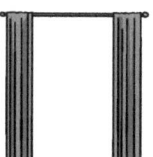

rideau

ikhethini

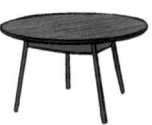

table

itafula

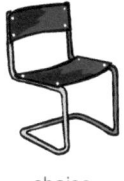

chaise

isihlalo

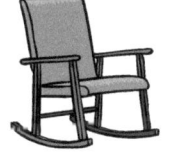

berceuse

isihlalo esinyakazayo

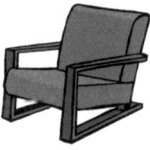

fauteuil

isihlalo esingangengalo

livre

incwadi

couverte

ingubo

décoration

ukuhlobisa

bois de chauffage

izinkuni zokubasa

film

ifilimu

chaîne hi-fi

izinto ze-hi-fi

clé

ukhiye

journal

iphephandaba

peinture

ukupenda

affiche

iphosta

radio

umsakazo

bloc-notes

i-notepad

aspirateur

ihuva

cactus

i-cactus

chandelle

ikhandlela

cuisine
ikhishi

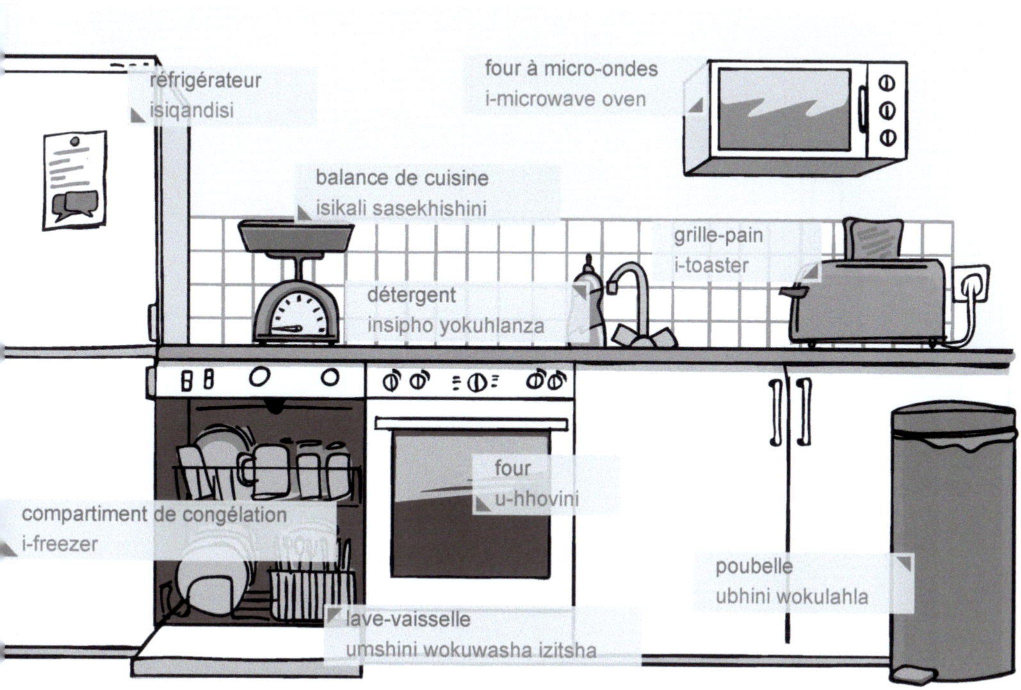

réfrigérateur
isiqandisi
four à micro-ondes
i-microwave oven
balance de cuisine
isikali sasekhishini
grille-pain
i-toaster
détergent
insipho yokuhlanza
four
u-hhovini
compartiment de congélation
i-freezer
poubelle
ubhini wokulahla
lave-vaisselle
umshini wokuwasha izitsha

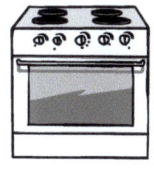

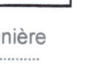

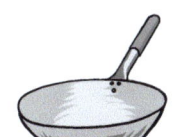

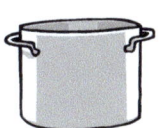

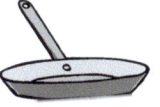

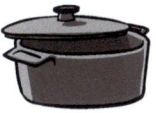

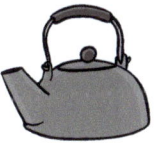

cuisinière

umshini wokupheka

marmite

ibhodwe

cocotte en fonte

ibhodwe le-cast iron

wok / kadai

i-wok / kadai

poêle

ipani

bouilloire

iketela

cuiseur à vapeur

i-steamer

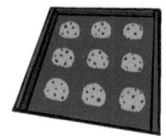

plaque à pâtisserie

ithreyi lokubhaka

vaisselle

izitsha zokudla

grande tasse

imaki

bol

isitsha

baguettes

izinti zendwangu

louche

isixembe sokuphaka

spatule

ispathula

fouet

i-whisk

passoire

i-strainer

tamis

isisefo

râpe

igretha

mortier

isitsha sodaka

barbecue

i-barbecue

foyer

umlilo

planche à découper
ibhodi lokuqoba

rouleau à pâtisserie
ipini lokurola

tire-bouchon
iskrew

boîte à conserves
ikani

ouvre-boîte
into yokuvula ikani

mitaine de four
indwangu yokubamba
ibhodwe

évier
usinki

brosse
i-brush

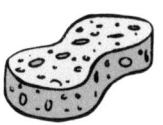

éponge
isiponji

mélangeur
ibhlenda

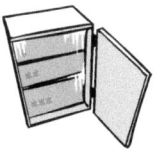

congélateur
i-deep freezer

biberon
ibhodlela lengane

robinet
umpompi

salle de bains
igumbi lokugeza

chauffage
isifudumezo
serviette
ithawula
douche
ishawa
rideau de douche
ikhethini leshawa
bain moussant
insipho yokugeza eyenza amagwebu
baignoire
ubhavu
verre
igilasi
machine à laver
umshini wokuwasha
robinet
umpompi
carreaux
amathayizi
pot
ithoyilethi lezingane
évier
usinki

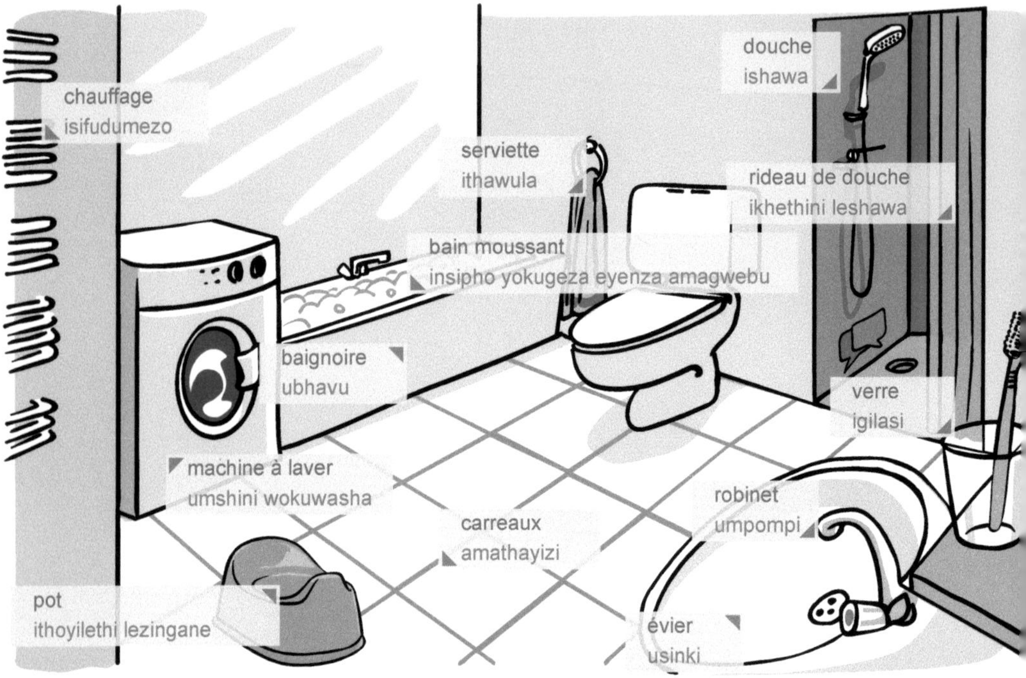

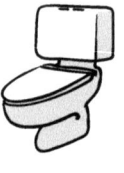

toilette

ithoyilethi

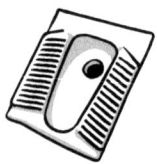

toilette turque

ithoyilethi oqoshama kuyo

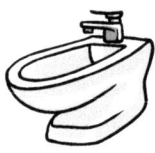

bidet

ithoyilethi le-bidet

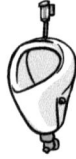

urinoir

ithoyilethi lokuchama labesilisa

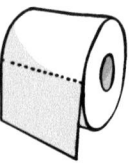

papier hygiénique

iphepha lasethoyilethi

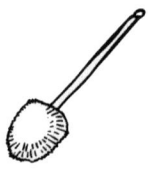

brosse à toilette

ibhrashi lasethoyilethi

brosse à dents

ibhrashi lamazinyo

dentifrice

insipho yamazinyo

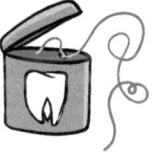

soie dentaire

into yokuvungula

laver

washa

douchette

ishawa ebanjwa ngesandla

douche vaginale

uchatho

cuvette

u-basini

brosse pour le dos

ibrashi lomhlane

savon

insipho

gel douche

ijeli yeshawa

shampoing

ishampu

débarbouillette

ishethi lesikoshi

drain

i-drain

crème

ukhilimu

déodorant

into yokugcoba
amakhwapha

miroir
isibuko

miroir à main
isibuko esiphathwa
ngesandla

rasoir
ireyza

mousse à raser
igwebu lokushefa

après-rasage
umuthi ogcotshwa ngemva
kokushefa

peigne
ikama

brosse
ibhrashi

sèche-cheveux
into yokomisa izinwele

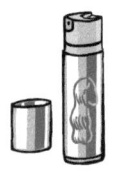

laque
ispreyi sezinwele

maquillage
i-makeup

rouge à lèvres
into yokugcoba umlomo

vernis à ongles
into yokususa upende
wezinzipho

ouate
uwuli kakotini

ciseaux à ongles
isikelo sezinzipho

parfum
isigqolo

trousse de toilette

isikhwama sezinto
zokugeza

tabouret

isitulo

pèse-personne

isikali

peignoir

ingubo yokugeza

gants de caoutchouc

amagilavu erabha

tampon

ithemponi

serviette hygiénique

iphedi yasesikhathini

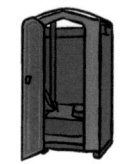

toilette chimique

ithoyilethi lekhemikhali

chambre d'enfant
igumbi lezingane

réveil
i-alamu yewashi elichonywayo
doudou
ithoyizi lokudlala
petite voiture
imoto eyithoyizi
crécelle
i-rattle
maison de poupée
indlu kanodoli
cadeau
isiphongo

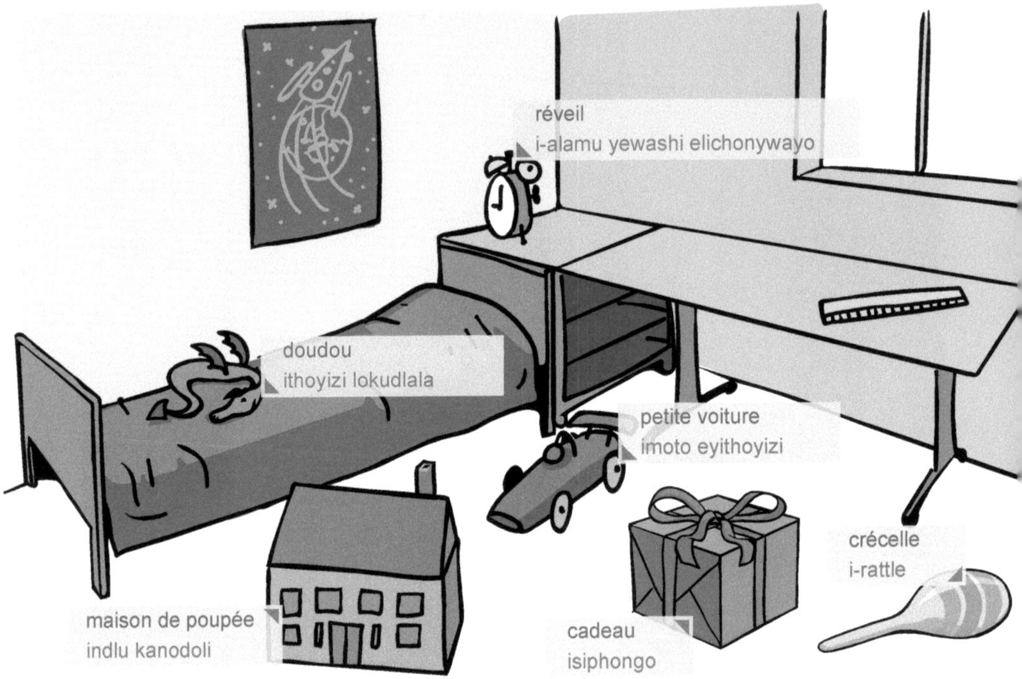

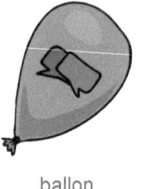

ballon

ibhaluni

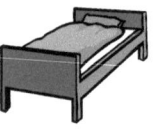

lit

umbhede

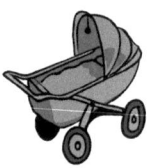

landau

iphremu

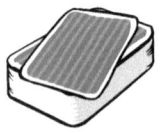

jeu de cartes

amakhadi

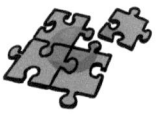

casse-tête

i-jigsaw

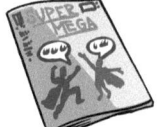

bande dessinée

indaba edwetshiwe

blocs LEGO
amabrick elego

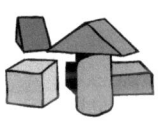

jeu de briques
amabhuloksi okwakha

figurine articulée
unodoli weqhawe

dormeuse
izimpahla zezingane

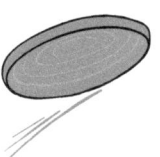

disque volant
i-frisbee

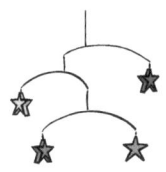

mobile
amathoyizi ezingane alengayo

jeu de société
ibhodi lokudlala igemu

dé
idayisi

ensemble de modèles de train
isethi yesitimela

mannequin
idemu

fête
iphathi

livre d'images
incwadi yezithombe

balle
ibhola

poupéc
unodoli

jouer
dlala

bac à sable

umgodi wenhlabathi

balançoire

uzwinki

jouets

amathoyizi

console de jeu vidéo

umshini wamavidiyo geymu

tricycle

ibhayisikili elinemasondo
amathathu

ours en peluche

uthedibhe

garde-robe

u-wardrobe

vêtements

izimpahla

chaussettes

amasokisi

bas

amastokhingi

collant

amathayithi

écharpe
isikhafu

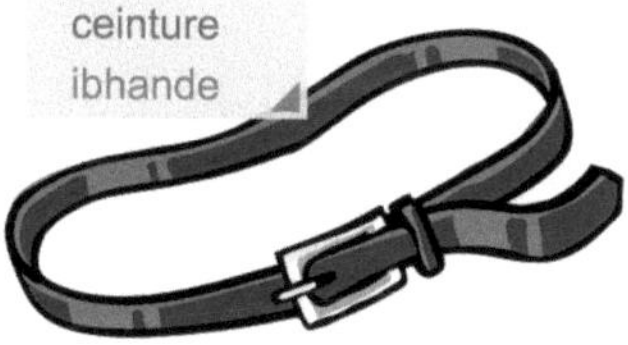

ceinture
ibhande

parapluie
i-amburela

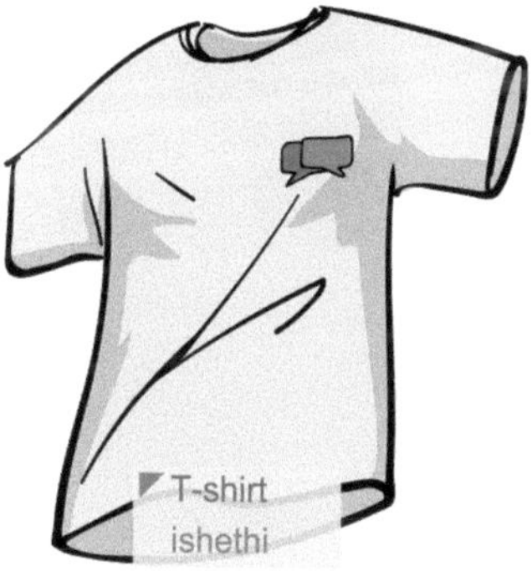

T-shirt
ishethi

chaussures de sport
abaqeqeshi

bottes
amabhuthi

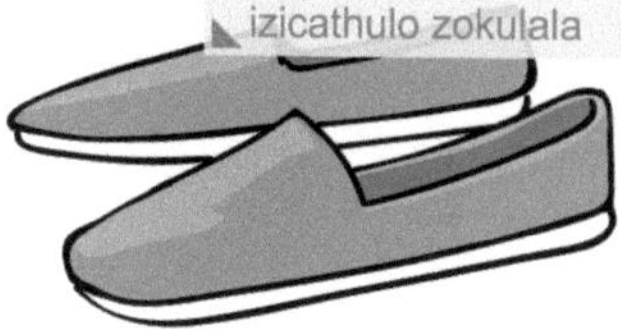

pantoufles
izicathulo zokulala

sandales
amasandali

souliers
izicathulo

bottes de caoutchouc
amabhuthi erabha

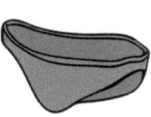

sous-vêtements
iphenti

soutien-gorge
u-bra

gilet
ivesti

body
umzimba

pantalon
amabhulukwe

jean
amajini

jupe
isiketi

chemisier
isikibha

chemise
ishethi

chandail
ijezi elinezigqoko

chandail à capuche
i-hoodie

blazer
ibhuleyiza

veste
ijakhethi

manteau
ijazi

manteau de pluie
i-raincoat

complet
ikhosyumu

robe
ingubo

robe de mariée
ingubo yomshado

taxilleur
isudu

chemise de nuit
ingubo yokulala

pyjama
amaphijama

sari
ingubo yesari

foulard
isikhafu

turban
isigqoko se-turban

burqa
ibhukha

cafetan
ingubo yekaftani

abaya
abaya

maillot de bain
impahla yokubhukuda

maillot short
amathranki

culotte courte
isikhindi

survêtement
i-tracksuit

tablier
ingubo yokupheka

mitaines
amagilavu

bouton

ibhathini

lunettes

izibuko

bracelet

ibhengela

collier

umgexo

bague

indandatho

boucle d'oreille

amacici

tuque

ikepisi

cintre

into yokuhenga ijazi

chapeau

isigqoko

cravate

uthayi

fermeture à glissière

uziphu

casque

ihelmethi

bretelles

ama-braces

uniforme scolaire

iyunifomu yesikole

uniforme

iyunifomu

bavoir

ibhayi lengane

mannequin

idemu

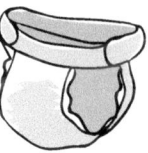

couche

inabukeni

bureau
i-ofisi

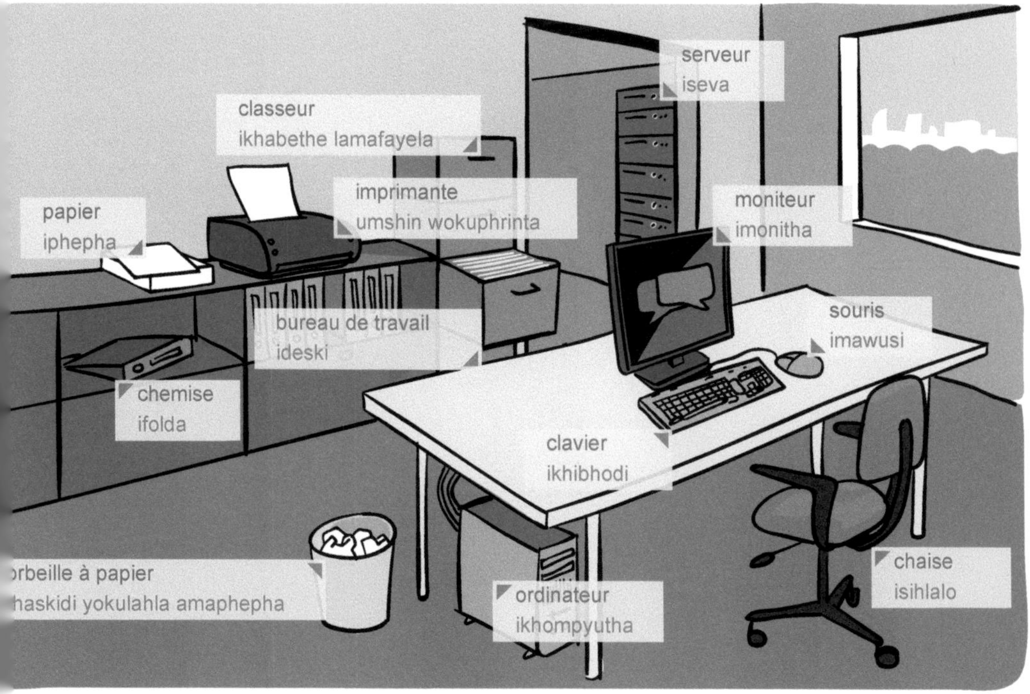

serveur
iseva

classeur
ikhabethe lamafayela

imprimante
umshin wokuphrinta

papier
iphepha

moniteur
imonitha

bureau de travail
ideski

souris
imawusi

chemise
ifolda

clavier
ikhibhodi

orbeille à papier
haskidi yokulahla amaphepha

chaise
isihlalo

ordinateur
ikhompyutha

grande tasse à café

imagi yekhofi

calculatrice

ikhalkhuletha

Internet

i-inthanethi

ordinateur portable

ilephuthophu

lettre

incwadi

message

umyalezo

téléphone cellulaire

ifoni

réseau

inethiwekhi

photocopieur

ifothokhophi

logiciel

i-software

téléphone

ucingo

prise de courant

indawo yokupulaka

télécopieur

umshini wokufeksa

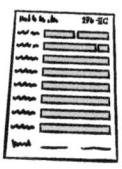

formulaire

ifomu

document

idokhumenti

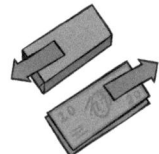

acheter

thenga

payer

khokha

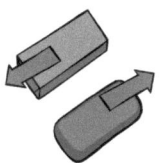

commercer

shintshana

argent

imali

dollar

idola

euro

i-euro

yen

iyen

rouble

i-rouble

franc suisse

iSwiss franc

renminbi yuan

i-renminbi yuan

roupie

i-rupee

distributeur de billets

umshini wokukhipha imali

bureau de change

i-bureau de change

or

igolide

argent

isiliva

pétrole

amafutha

énergie

amandla

prix

inani lemali

contrat

ukuxhumana

taxe

intela

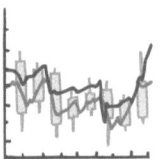

actions

isitokwe

travailler

sebenza

employé

isisebenzi

employeur

umqashi

usine

ifekthri

magasin

esitolo

professions
imisebenzi

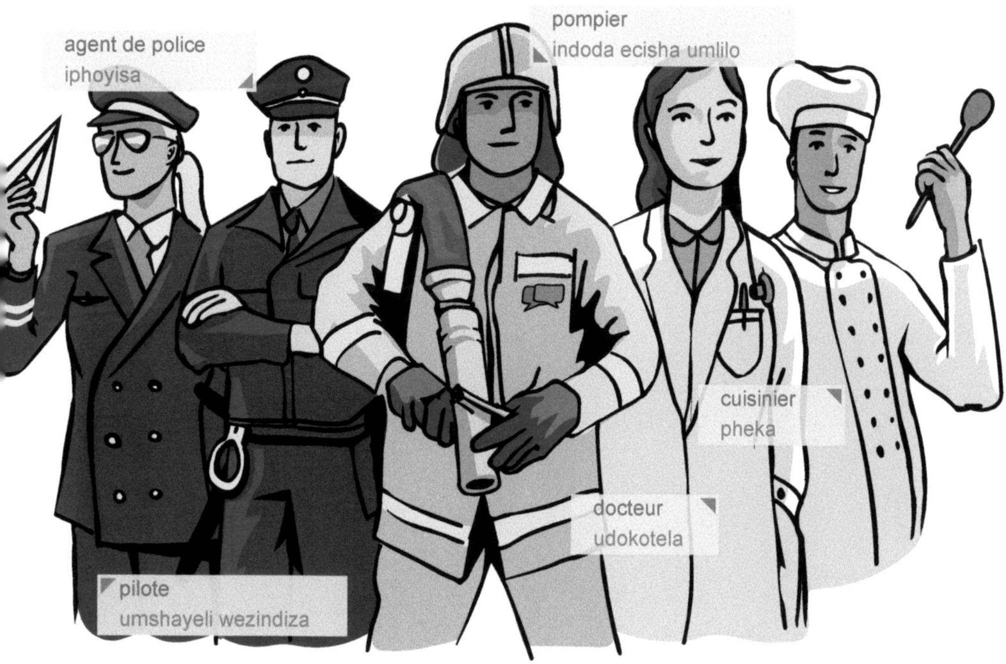
agent de police
iphoyisa
pompier
indoda ecisha umlilo
cuisinier
pheka
docteur
udokotela
pilote
umshayeli wezindiza

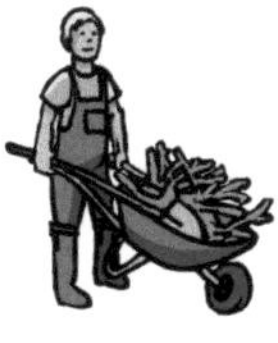

jardinier
umuntu onakekela ingadi

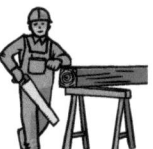

charpentier
umbazi

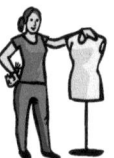

couturier
umthungi

juge
ijaji

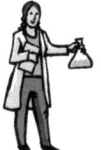

pharmacien
umuntu osebenza ekhemisi

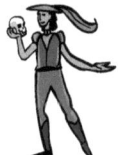

acteur
umlingisi

chauffeur d'autobus

umshayeli webhasi

chauffeur de taxi

umshayeli wetekisi

pêcheur

indoda edoba izinhlanzi

femme de ménage

owesifazane ohlanzayo

couvreur

umuntu olungisa uphahla

serveur

uweyita

chasseur

umzingeli

peintre

umuntu opendayo

boulanger

umbhaki

électricien

umuntu osebenza ngogesi

constructeur de bâtiments

umakhi

ingénieur

unjiniyela

boucher

indawo edayisa inyama

plombier

umuntu osebenza
ngamapayipi

facteur

indoda yaseposini

soldat

isosha

architecte

umdwebi wezakhiwo

caissier

umbali wemali

fleuriste

umuntu otshala izimbali

coiffeur

umuntu owenza izinwele

chef de train

umqondisi wasesitimeleni

mécanicien

umakhenikha

capitaine

ukaputeni

dentiste

udokotela wamazinyo

scientifique

usosayensi

rabbin

urabi

imam

imam

moine

indela

ecclésiastique

umfundisi

outils
amathuluzi

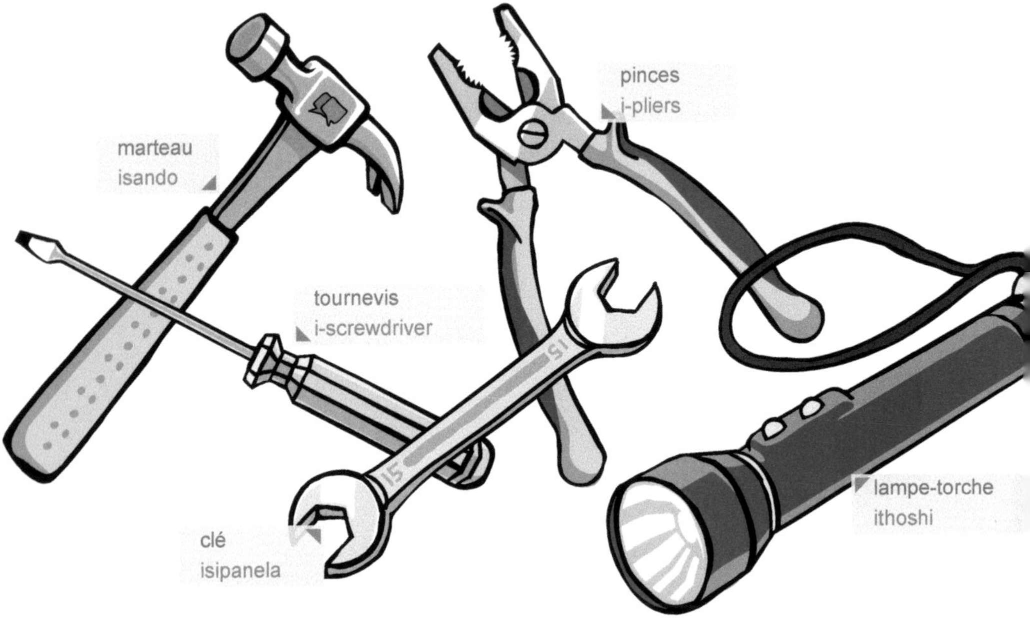
marteau
isando
pinces
i-pliers
tournevis
i-screwdriver
clé
isipanela
lampe-torche
ithoshi

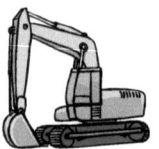

excavatrice

umshini wokumba

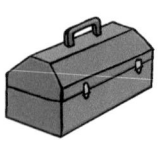

boîte à outils

ibhokisi lamathuluzi

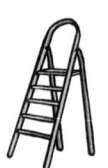

échelle

isitebhisi

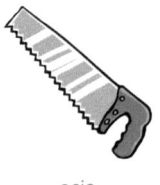

scie

isaha

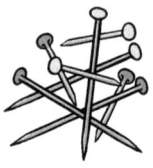

clous

izinzipho

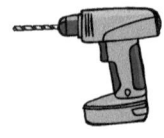

perceuse

i-drill

réparer

lungisa

pelle

ifosholo

tabarnouche

Damethi!

pelle à poussière

idastipheni

pot de peinture

ithini likapende

vis

i-screws

instruments de musique
izinsimbi zomculo

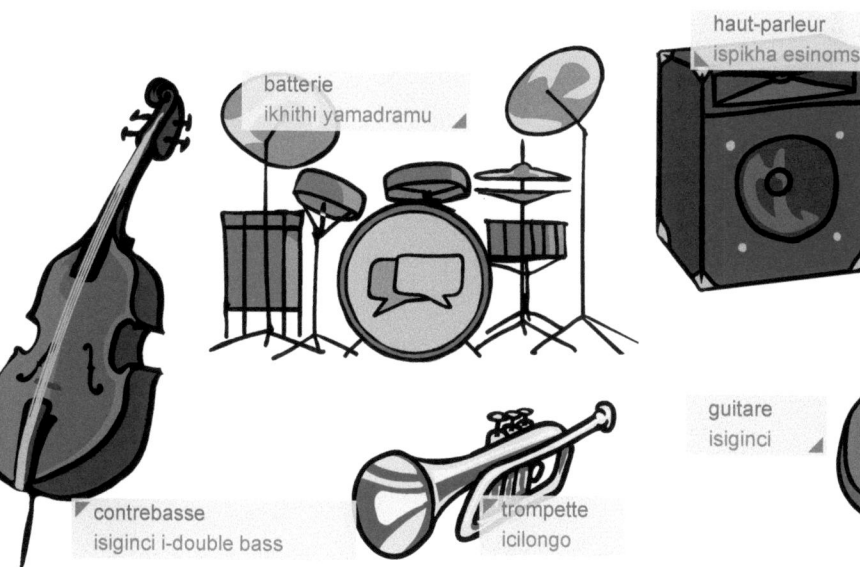

batterie
ikhithi yamadramu

haut-parleur
ispikha esinomsindo omkhulu

contrebasse
isiginci i-double bass

trompette
icilongo

guitare
isiginci

piano

ipiyano

violon

ivayolini

basse

i-bass

timbales

ithimpani

tambour

amadramu

synthétiseur

i-keyboard

saxophone

i-saxophone

flûte

umtshingo

microphone

imakhrofoni

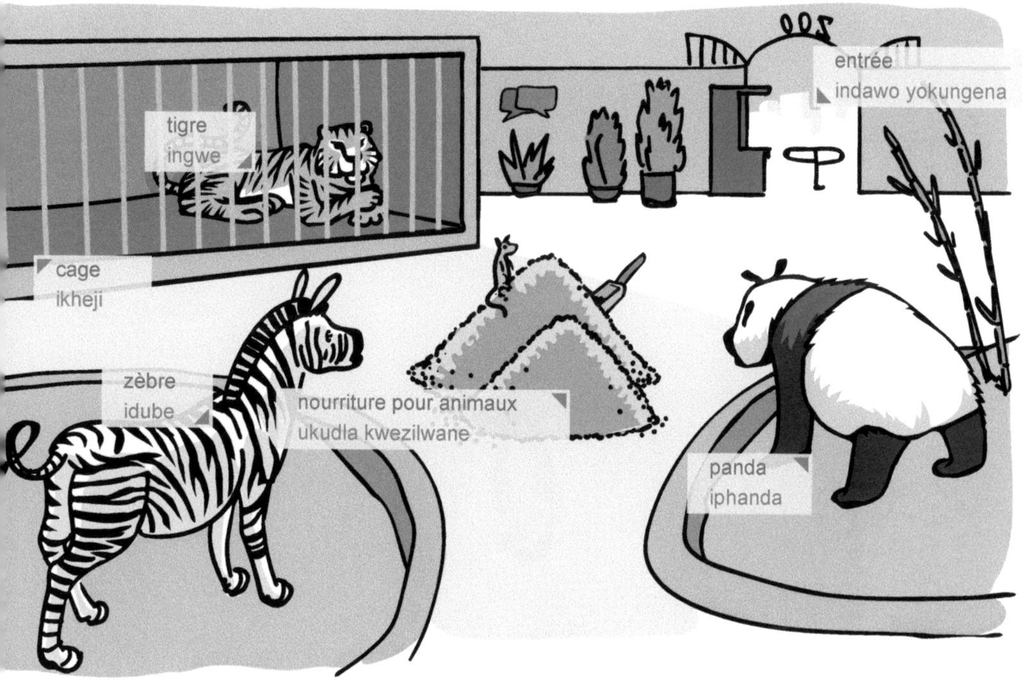

entrée
indawo yokungena

tigre
ingwe

cage
ikheji

zèbre
idube

nourriture pour animaux
ukudla kwezilwane

panda
iphanda

animaux

izilwane

éléphant

indlovu

kangourou

ikhangaru

rhinocéros

ubhejane

gorille

igorila

ours

ibhele

chameau

ikamela

autruche

intshe

lion

ingonyama

singe

inkawu

flamand rose

i-flamingo

perroquet

upholi

ours polaire

ibhele laseqhweni

pingouin

iphenguwini

requin

ushaka

paon

ipigogo

serpent

inyoka

crocodile

ingwenya

gardien de zoo

umgcini wezilwane

phoque

isilwane saseqhweni

jaguar

ijaguwa

poney

iponi

léopard

ingwe

hippopotame

imvubu

girafe

indlulamithi

aigle

ukhozi

sanglier

intibane

poisson

inhlanzi

tortue

ufudu

morse

i-walrus

renard

ujakalase

gazelle

inyamazane igazele

football américain
ibhola lezinyawo laseMelika

cyclisme
umdlali webhayisikili

tennis
ithenisi

basketball
ibhola lomnqankiswano

natation
ukubhukuda

boxe
isibhakela

hockey sur glace
i-ice hockey

soccer
ibhola lezinyawo

badminton
i-badminton

athlétisme
abasubathi

handball
ibhola lezandla

ski
ukushushuluza

polo
ipolo

sauter
gxuma

serrer dans les bras
haga

rire
hleka

chanter
cula

marcher
hamba

prier
thandaza

embrasser
cabuza

rêver
phupha

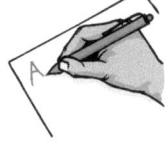

écrire
bhala

dessiner
dweba

montrer
bonisa

pousser
phusha

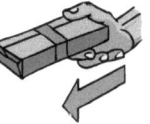

donner
nikeza

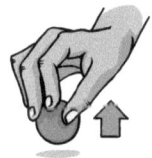

prendre
thatha

avoir

yiba

faire

yenza

être

yiba

être debout

sukuma

courir

gijima

tirer

donsa

jeter

phonsa

tomber

yiwa

s'allonger

amanga

attendre

linda

porter

thwala

s'asseoir

hlala

s'habiller

gqoka

dormir

lala

se réveiller

vuka

regarder

bukela

pleurer

khala

caresser

qhweba

peigner

kama

parler

khuluma

comprendre

qonda

demander

buza

écouter

lalela

boire

phuza

manger

idla

ranger

coca

aimer

thanda

cuisiner

pheka

conduire

shayela

voler

ndiza

faire de la voile

hamba ngomkhumbi

calculer

bala

lire

funda

apprendre

funda

travailler

sebenza

se marier

shada

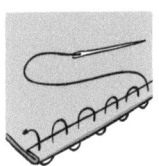

coudre

thunga

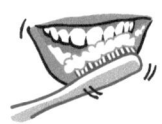

brosser les dents

geza amazinyo

tuer

bulala

fumer

bhema

envoyer

thumela

activités - imisebenzi

famille
umndeni

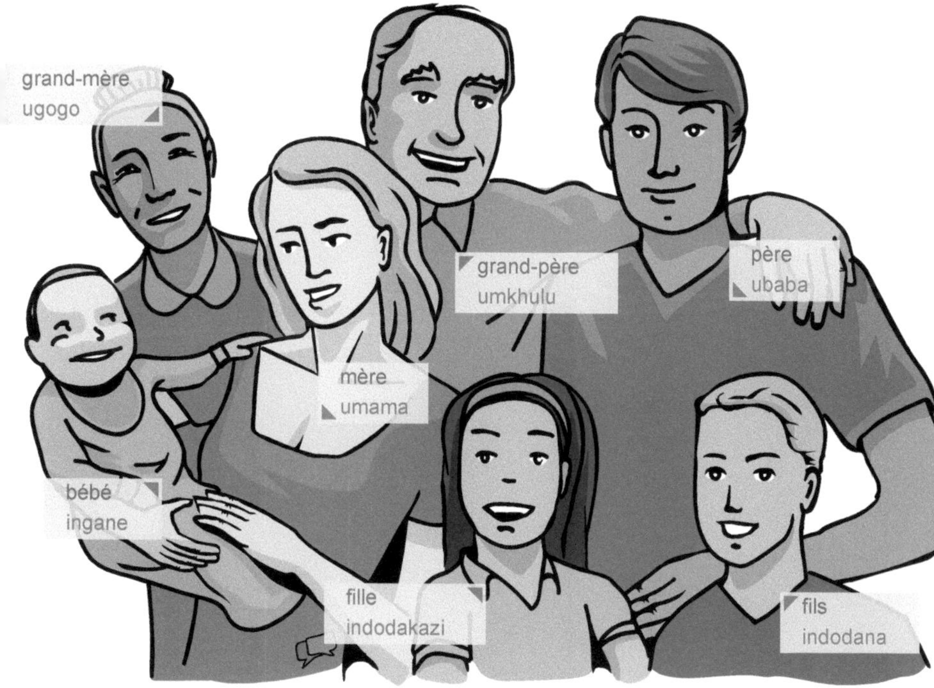

grand-mère
ugogo
grand-père
umkhulu
père
ubaba
mère
umama
bébé
ingane
fille
indodakazi
fils
indodana

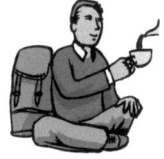

invité

isivakashi

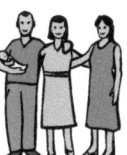

tante

u-anti

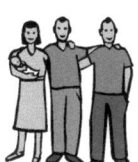

oncle

umalume

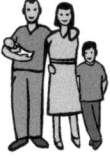

frère

umfowethu

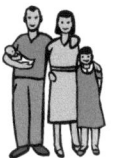

sœur

udadewethu

corps

umzimba

front
isiphongo
œil
amehlo
épaule
ihlombe
doigt
umunwe
visage
ubuso
menton
isilevu
main
isandla
jambe
umlenze
poitrine
amabele
bras
ingalo

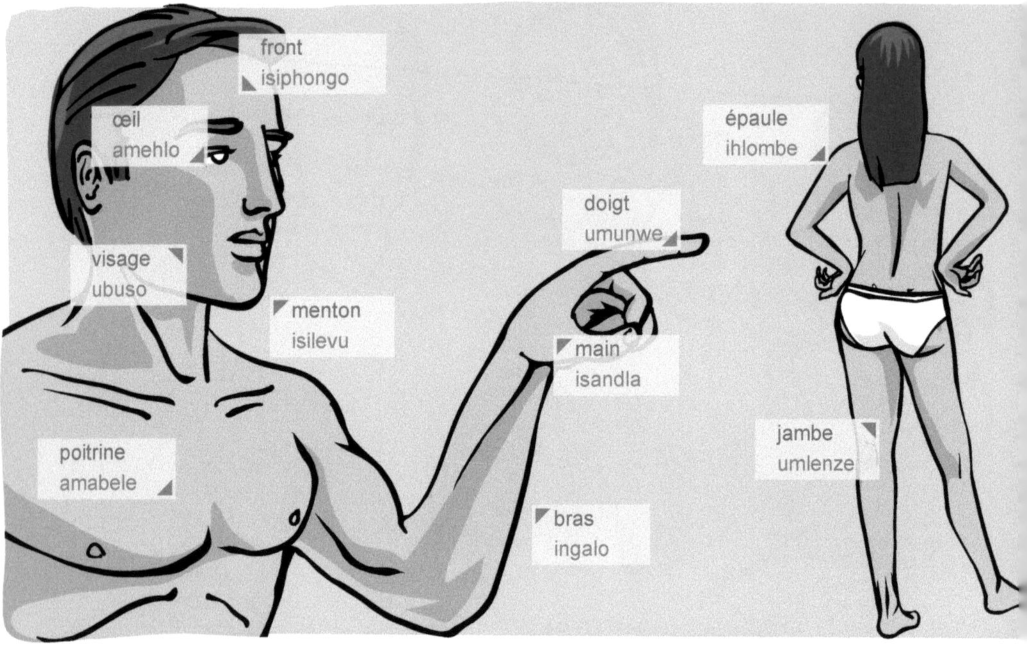

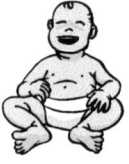

bébé

ingane

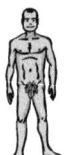

homme

indoda

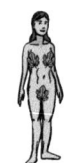

femme

owesifazane

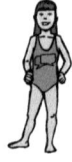

fille

intombazane

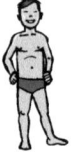

garçon

umfana

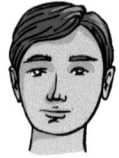

tête

ikhanda

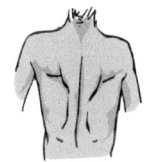

dos

umhlane

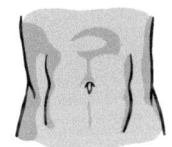

ventre

isisu

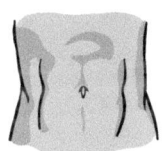

nombril

inkaba

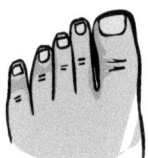

orteil

izinzwane

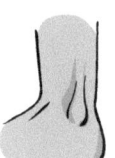

talon

isithende

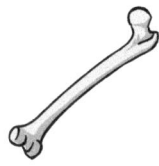

os

ithambo

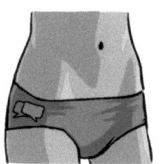

hanche

inqulu

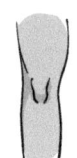

genou

idolo

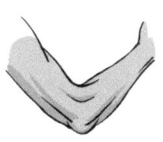

coude

indololwane

nez

ikhala

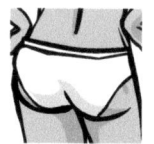

derrière

ingenzansi

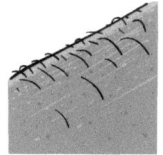

peau

isikhumba

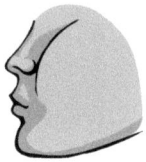

joue

iziqhomo

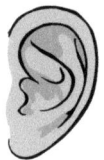

oreille

indlebe

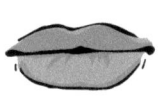

lèvre

udebe

bouche

umlomo

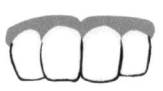

dent

amazinyo

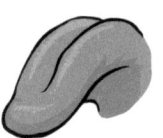

langue

ulimu

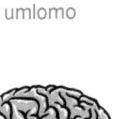

cerveau

ingqondo

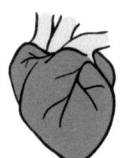

cœur

inhliziyo

muscle

imasela

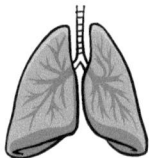

poumon

uphaphe

foie

isibindi

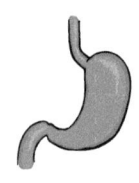

estomac

isisu

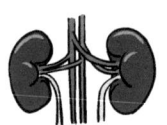

reins

izinso

rapport sexuel

ucansi

condom

ikhondomu

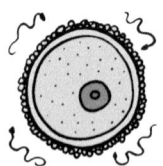

ovule

iqanda

sperme

isidoda

grossesse

ukukhulelwa

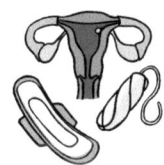

menstruation

ukuya esikhathini

vagin

imomozi

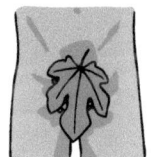

pénis

umthondo

sourcil

ishiya

cheveux

izinwele

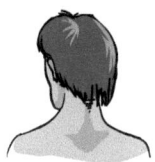

cou

intamo

hôpital
isibhedlela

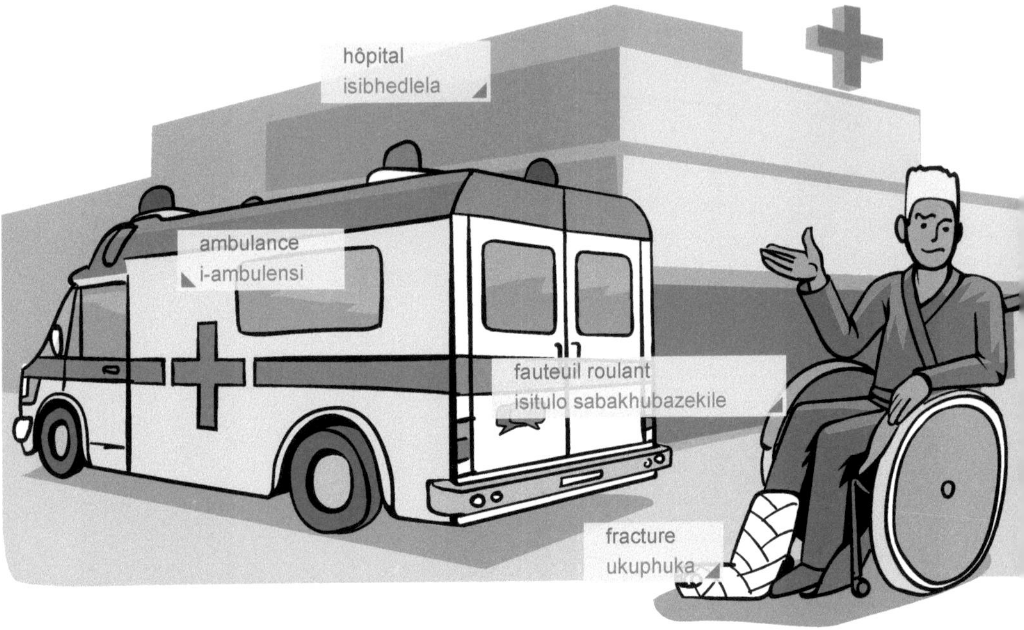

hôpital
isibhedlela
ambulance
i-ambulensi
fauteuil roulant
isitulo sabakhubazekile
fracture
ukuphuka

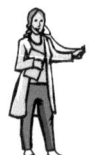

docteur

udokotela

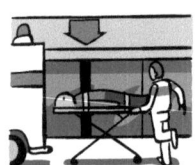

salle des urgences

igumbi leziguli ezidinga
ukwelashwa
okuphuthumayo

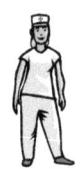

infirmier

umhlengikazi

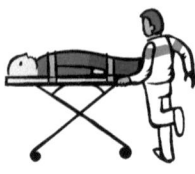

urgence

izimo eziphuthumayo

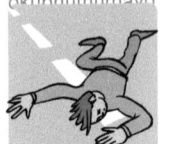

inconscient

ukuquleka

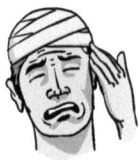

douleur

ubuhlungu

blessure
ukulimala

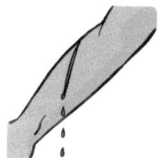

saignement
ukopha

crise cardiaque
isifo senhliziyo

AVC
ukushaywa unhlangothi

allergie
ukungazwani komzimba
nezinto ezithile

toux
ukukhwehlela

fièvre
imfiva

grippe
umkhuhlane

diarrhée
ukuhuda

mal de tête
ukuphathwa ikhanda

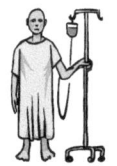

cancer
umdlavuza

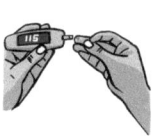

diabète
isifo sikashukela

chirurgien
udokotela ohlinzayo

scalpel
isikalpheli

opération
ukuhlinzwa

tomodensitométrie

CT

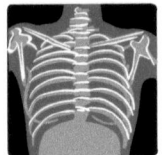

radiographie

i-x-ray

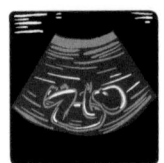

ultrason

i-ultrasound

masque

imaskhi yasebusweni

maladie

isifo

salle d'attente

igumbi lokulinda

béquille

izinduko zokuhamba

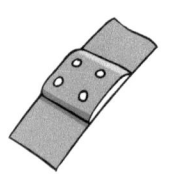

sparadrap

iplasta

bandage

ibhandishi

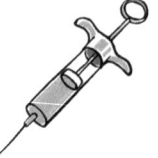

injection

umjovo

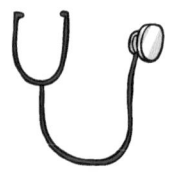

stéthoscope

izipopolo zikadokotela

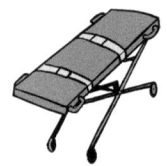

brancard

i-stretcher

thermomètre médical

umshini okala izinga
lokushisa

accouchement

ukubeletha

excès de poids

ukukhuluphala ngokweqile

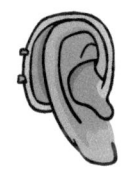

appareil auditif

insizwa yokuzwa

désinfectant

ukungatheleleki

infection

ukutheleleka

virus

ivariyasi

VIH / Sida

HIV / AIDS

médicament

umuthi

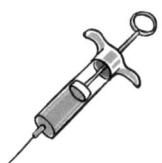

vaccination

umgomo

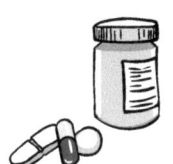

comprimés

amaphilisi

pilule

amaphilisi

appel d'urgence

ucingo oluphuthumayo

tensiomètre

umshini okala umfutho wegazi

malade / en bonne santé

ukugula / ukuba umqemane

Au secours !

Sizani!

alarme

i-alamu

assaut

ukuhlasela

attaque

ukuhlasela

danger

ingozi

sortie de secours

indawo yokubalekela
ngaphansi kwezimo
eziphuthumayo

Au feu !

Umlimo!

extincteur

isicimamlilo

accident

ingozi

trousse de premiers soins

ikhithi yosizo lokuqala

SOS

SOS

police

amaphoyisa

Europe

Europe

Amérique du Nord

North America

Amérique du Sud

South America

Afrique

Africa

Asie

Asia

Australie

Australia

océan Atlantique

Atlantic

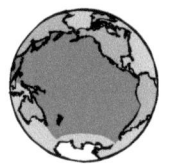

océan Pacifique

Pacific

océan Indien

Indian Ocean

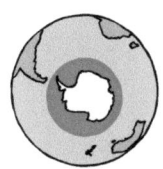

océan Antarctique

Antarctic Ocean

océan Arctique

Arctic Ocean

Pôle Nord

North Pole

Pôle Sud
South Pole

Antarctique
Antarctica

Terre
Umhlaba

terre
umhlaba

mer
izilwandle

île
isiqhingi

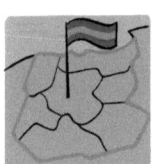

nation
izwe

État
inhlangano engokomthetho

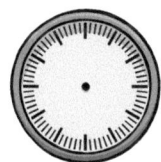

cadran

ubuso bewashi

aiguille des heures

isandla sehora

aiguille des minutes

isandla semizuzu

aiguille des secondes

isandla sesibili

Quelle heure est-il ?

Ubani isikhathi?

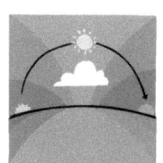

jour

usuku

temps

isikhathi

maintenant

manje

montre à affichage numérique

iwashi lezibalo

minute

umzuzu

heure

ihora

semaine

iviki

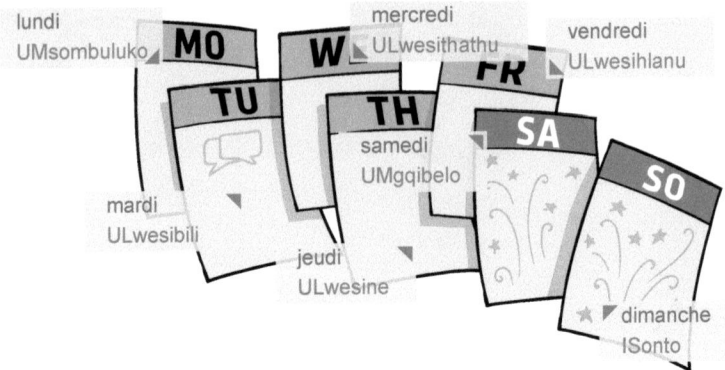

lundi
UMsombuluko

mardi
ULwesibili

mercredi
ULwesithathu

jeudi
ULwesine

vendredi
ULwesihlanu

samedi
UMgqibelo

dimanche
ISonto

hier

izolo

aujourd'hui

namhlanje

demain

kusasa

matin

ekuseni

midi

emini

soir

ntambama

jours ouvrables

izinsuku zeviki

fin de semaine

impelasonto

année
unyaka

pluie
imvula
arc-en-ciel
uthingo
neige
ukukhithika kweqhwa
umoya
printemps
ithwasahlobo
été
ihlobo
automne
ikwindla
hiver
ubusika

4.APRIL 11°
5.APRIL 4°
6.APRIL 13°
7.APRIL 8°
8.APRIL 10°

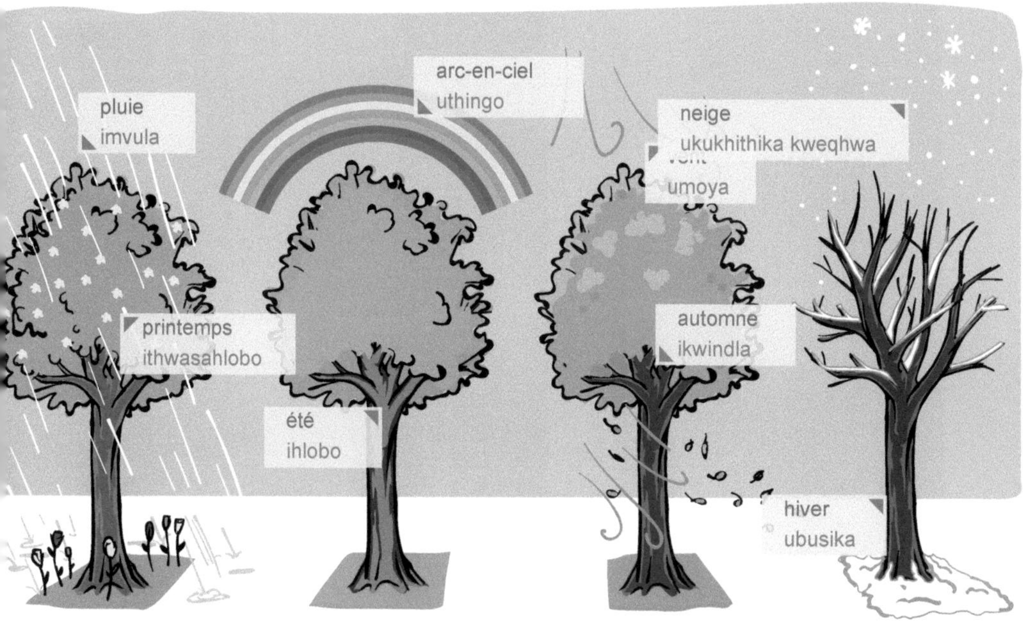

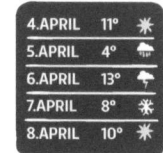

révisions météorologiques

isimo sezulu

F C
120 40
90 30
60 20
30 10
0 0
-30 -10
-20

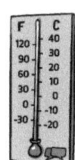

thermomètre

umshini wezinga lokushisa

rayons du soleil

ukushisa kwelanga

nuage

amafu

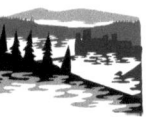

brouillard

inkungu

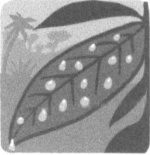

humidité

umswakama

foudre

ummbani

tonnerre

ukuduma kwezulu

tempête

isiphepho

grêle

isichotho

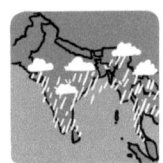

mousson

imvula enkulu

inondation

izikhukhula

glace

iqhwa

janvier

UMasingana

février

UNhlolanja

mars

UNdasa

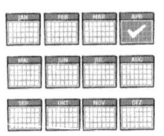

avril

UMbasa

mai

UNhlaba

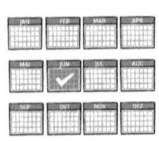

juin

UNhlangulana

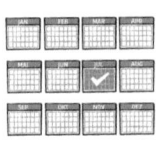

juillet

UNtulikazi

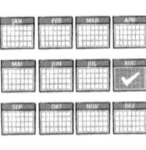

août

UNcwaba

année - unyaka

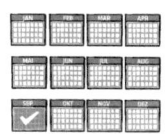

septembre
....
UMandulo

octobre
....
UMfumfu

novembre
....
ULwezi

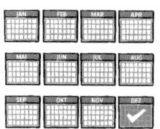

décembre
....
UZibandlela

formes
amasheyphu

cercle
....
indilinga

carré
....
isikwele

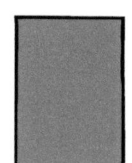

rectangle
....
unxande

triangle
....
unxantathu

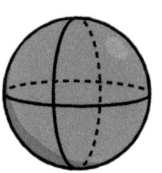

sphère
....
i-sphere

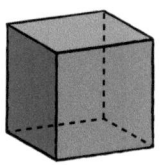

cube
....
i-cube

blanc

kumhlophe

jaune

kuphuzi

orange

ku-olenji

rose

kuphinki

rouge

kumbomvu

violet

kuphephuli

bleu

kuluhlaza
okwesibhakabhaka

vert

kuluhlaza

marron

kubhrawuni

gris

kuphashile

noir

kumnyama

beaucoup / un peu

kakhulu / kancane

en colère / calme

ukucasuka / ubumnene

beau / laid

ubuhle / ububi

début / fin

isiqalo / isiphetho

grand / petit

kukhulu / kuncane

lumineux / sombre

kuyakhanya / kumnyama

frère / sœur

umfowethu / udadewethu

propre / sale

ukuhlanzeka / ukungcola

complet / incomplet

ukuphelela / ukungapheleli

jour / nuit

imini / ubusuku

mort / vivant

ukufa / ukuphila

large / étroit

ukuvuleka / ukunyinyeka

comestible / non comestible

okudliwayo / okungadliwa

méchant / gentil

ukukhohlakala / umusa

être enthousiaste / s'ennuyer

ukujabula / isithukuthezi

gros / mince

ukunona / ukuzaca

premier / dernier

ukuqala / ukugcina

ami / ennemi

umngane / isitha

plein / vide

ukugcwala / ukuphela

dur / mou

ubunzima / ukuthamba

lourd / léger

ukusinda / ukubalula

faim / soif

ukulamba / ukoma

malade / en bonne santé

ukugula / ukuba umqemane

illégal / légal

ngokomthetho / okungekho emthethweni

intelligent / stupide

ukuhlakanipha / isiphukuphuku

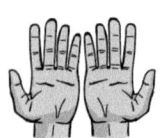

gauche / droite

isinxele / esokudla

proche / loin

eduze / kude

neuf / usagé

kusha / sekusebenzile

rien / quelque chose

utho / okuthile

vieux / jeune

okudala / okusha

marche / arrêt

vuliwe / kucishiwe

ouvert / fermé

vula / vala

calme / bruyant

kuthulekile / kunomsindo

riche / pauvre

ukuceba / ubumpofu

correct / incorrect

kulungile / akulungile

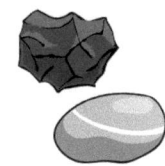

rugueux / lisse

kugadlazekile / kuyashelela

triste / heureux

dabuka / jabula

court / long

kufishane / kude

lent / rapide

kuyanensa / kuyashesha

mouillé / sec

ukuba manzi / ukoma

chaud / froid

ukufudumala / ukuphola

guerre / paix

ukulwa / ukuthula

0

zéro
uziro

1

un
kunye

2

deux
kubili

3

trois
kuthathu

4

quatre
kune

5

cinq
kuhlanu

6

six
isithupha

7

sept
isikhombisa

8

huit
isishiyagalombili

9

neuf
isishiyagalolunye

10

dix
ishumi

11

onze
ishumi nanye

12

douze

ishumi nambili

13

treize

ishumi nantathu

14

quatorze

ishumi nane

15

quinze

ishumi nanhlanu

16

seize

ishumi nesithupha

17

dix-sept

ishumi nesikhombisa

18

dix-huit

ishumi nesishiyagalombili

19

dix-neuf

ishumi nesishiyagalolunye

20

vingt

amashumi amabili

100

cent

ikhulu

1.000

mille

inkulungwane

1.000.000

million

izigidi

anglais

isiNgisi

anglais américain

isiNgisi saseMelika

chinois mandarin

isiMandarin saseShayina

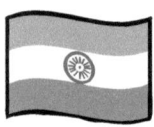

hindi

isiHindi

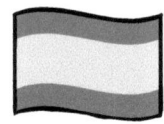

espagnol

iSpanishi

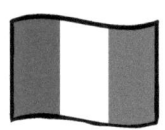

français

isiFulentshi

arabe

isi-Arabhu

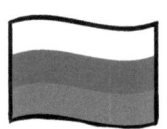

russe

isiRashiya

portugais

isiPutukezi

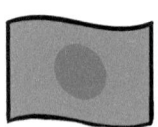

bengali

isiBengali

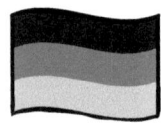

allemand

isiJalimane

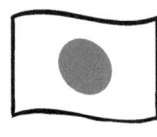

japonais

isiJapane

je

Mina

tu

wena

il / elle / ce, c', cela

u / u / ku

nous

thina

vous

nina

ils / elles

bona

qui ?

ubani?

quoi ?

ini?

comment ?

kanjani?

où ?

kuphi?

quand ?

nini?

nom

igama

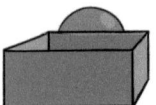

derrière

ngemuva

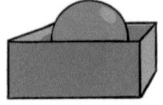

dans

ngaphakathi

devant

phambi kwe

au-dessus

phezulu

sur

ngaphezulu

en dessous

ngaphansi

à côté de

eceleni

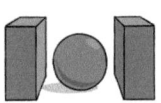

entre

phakathi

endroit

indawo